LE GRAND SAINT CHRISTOPHE DE PALESTINE

Son histoire authentique et sa popularité dans les Deux-Mondes

Par des Lorrains Bibliophiles

NANCY

PIERRON et ROZE, Libraires de l'Évêché, rue St-Dizier, 112.

1890

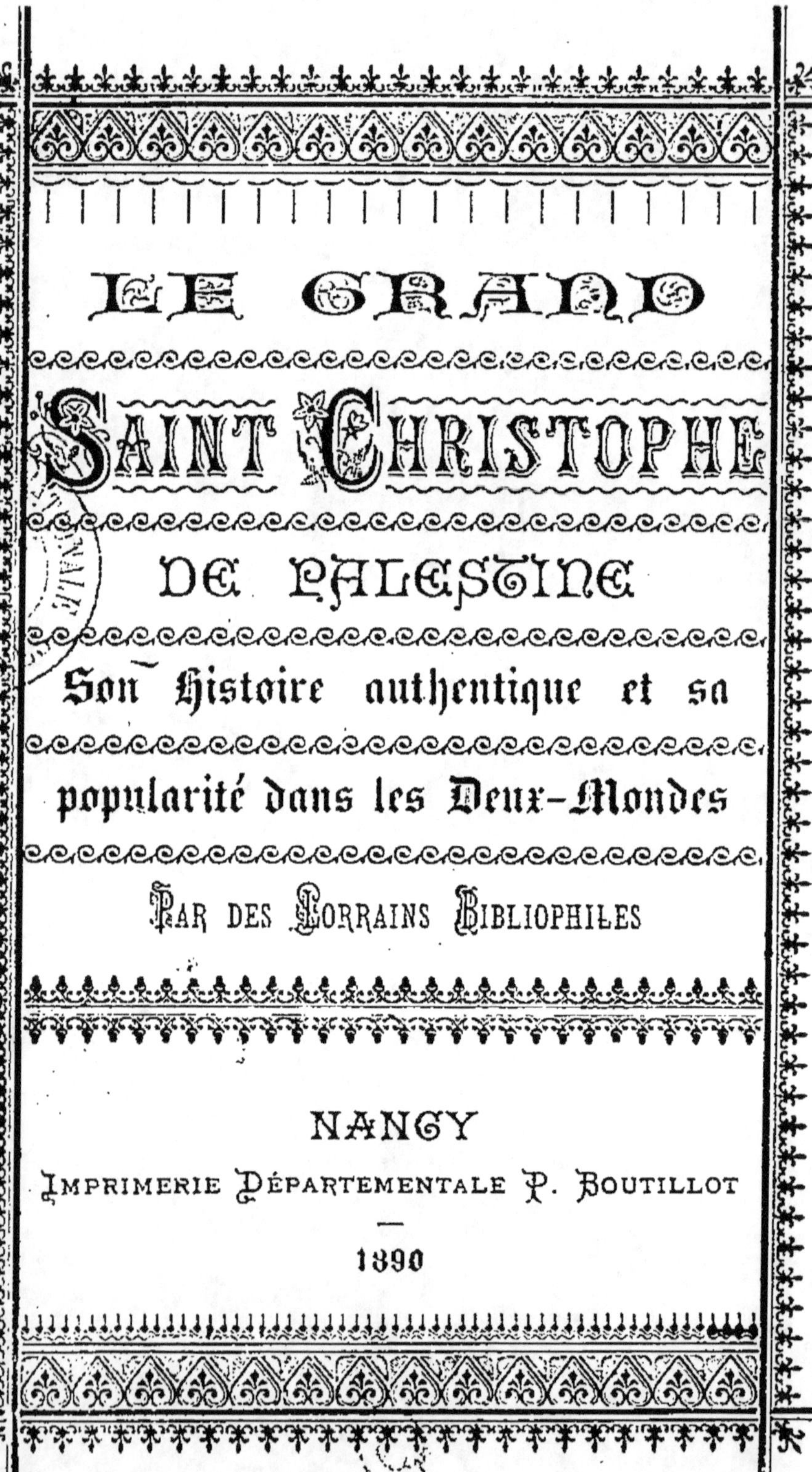

LE GRAND

SAINT CHRISTOPHE

DE PALESTINE

Son Histoire authentique et sa

popularité dans les Deux-Mondes

Par des Lorrains Bibliophiles

NANCY

Imprimerie Départementale P. Boutillot

—

1890

CECI est l'œuvre collective de plusieurs lorrains studieux, qui ont voué leur affection à saint Christophe.

C'est un ensemble d'études et de recherches consciencieuses, qu'on a cru bon de réunir en un seul tout, de façon à mieux montrer sous son véritable aspect le rôle que saint Christophe a exercé sur tous les pays et sur tous les siècles.

La matière sera donc partagée en autant de parties, qu'il s'est trouvé de collaborateurs à l'œuvre commune.

Nous donnons immédiatement ces parties, et sans plus de préambule, dans l'ordre qui va suivre.

1. La popularité de saint Christophe en Lorraine.

Le culte de saint Christophe était, au moyen âge, très répandu en Lorraine et en France.

La peinture et la sculpture se plaisaient à le montrer sous l'apparence d'un géant, incapable, malgré sa force humaine, de porter sur ses épaules, pour lui faire traverser un torrent, le petit enfant Jésus : — image mystique, disent quelques commentateurs, de la puissante civilisation païenne, obligée de céder au christianisme, si faible en apparence dans ses débuts, mais si fort par sa divinité.

Le pèlerinage de Saint-Christophe à Vic est encore célèbre.

L'une des églises de Neufchâteau lui est dédiée, et possède une remarquable statue (de la fin du XVIe siècle, croyons-nous), qui le représente.

Le nom de Lay-Saint-Christophe nous rappelle le berceau de saint Arnould et de la race de Charlemagne. Un pèlerinage y existait aussi en l'honneur de saint Christophe, et il n'a point cessé.

Le même Saint était le patron du lieu de Godinécourt, auquel a succédé la ville de Saint-Mihiel. Encore aujourd'hui, malgré les noms différents des titulaires des deux églises, la fête principale de l'année, devenue purement laïque, se tient à la *Saint-Christophe* (25 juillet), dans un bois et non loin d'une chapelle qui portent ce vocable.

Le Saint avait aussi sa chapelle dans l'église collégiale Saint-Georges, de Nancy.

« L'abbaye de Saint-Airy, à Verdun, possédait, dit M. Benoit, un petit cadre en argent contenant une relique de saint Christophe » qui, pendant la

Révolution, fut envoyé à la monnaie de Metz. « Un vandale, ajoute le même auteur, demandait. dans le *Journal de Verdun* (année 1769, page 119), la démolition dans les églises des colossales statues de ce Saint. Elles sont devenues très-rares. On en voit une dans l'église de Charmes. Celle de Vic est dans une cour d'auberge ; c'est le bâtiment de l'ancien prieuré. »

Le culte de saint Christophe fut particulièrement en honneur pendant les XVe et XVIe siècles. Nous mentionnerons, à titre de renseignements, l'opinion de quelques personnes, qui voient une relation entre ce fait et la découverte de l'Amérique, survenue en l'année 1492, ou à la fin du XVe siècle.

A l'exemple de son patron, soutenant l'enfant Jésus sur ses épaules pour la traversée d'un torrent redoutable, le second Christophe porte le nom du vrai Dieu au-delà des mers, et le fit connaître à un nouveau Monde. Ce grand événement n'avait pas laissé la Lorraine insouciante : témoin les différentes éditions de la *Cosmographiæ Introductio*, sortie des presses de Saint-Dié, tout au commencement du XVIe siècle.

L'habitude de figurer saint Christophe comme un géant fut confirmée par une croyance singulière. « Pour ce qui est de son image, dit le *Dictionnaire de Moréri*, que l'on représente d'une hauteur prodigieuse, cela vient de la prévention où l'on était... que l'on ne pouvait mourir subitement, ni d'accident (sans doute, dans la même journée), quand on avait vu une image de saint Christophe, selon ce vers d'un ancien poëte :

Christophorum videas,
Postea tutus eas.

« C'est pour que sa statue fût vue commodément de plus de personnes, qu'on la faisait fort haute ; et qu'on la plaçait aux porches des cathédrales, ou à l'entrée de l'église ».

Léon Germain,

De l'Académie de Stanislas et de la Société
d'Archéologie lorraine.

II. Culte de saint Christophe dans la chrétienté.

Le culte de St Christophe fut surtout florissant en Espagne et en Orient, d'après ce que disent les Bollandistes.

Les *Annales bénédictines* sont résumées, à ce sujet, par les Bollandistes. Elles désignent nominativement les divers lieux où saint Christophe est honoré, savoir : Sessy-les-Bois, Coulange-la-Vineuse, Nitry-Fontenay, près Mailly, Charbuy et Mailly-le Château. Le pape saint Léon IX lui a dédié un autel à Reims.

Les Bollandistes font l'historique du culte et des reliques de saint Christophe en Italie, en Espagne, en France, en Allemagne et en Belgique.

Saint Christophe fut spécialement honoré à Trèves. Les Bollandistes étudient longuement un manuscrit de Saint-Maximin de Trèves, qui est une *Vie de saint Christophe*; et ils lui assignent une haute valeur hagiographique, ou historique.

Il est à remarquer que les Bollandistes attribuent à saint Christophe une haute stature, mais non pas une taille gigantesque et extraordinaire. Ils font, là-dessus, des réserves multiples, qui les guident dans l'appréciation des reliques du Saint, s'occupent d'une dent, par exemple, ils s'expriment ainsi : *Dens portentosus, et ideo nobis merito suspectus*.

C'est-à-dire : « Voilà une dent prodigieuse, et ce motif nous porte à la juger suspecte. »

Pourquoi prêtons-nous à saint Christophe une taille gigantesque ? Je crois en trouver la raison dans une pratique du moyen-âge. Voici les paroles du *Breviarium Præmonstratense* : « 25 Julii. — Christophorus, quasi *Christum portans*, martyrium subiisse creditur in Lycià sub Decii persecutione, anno 254. In sæculis ignorantiæ invaluit apud pios æque et simplices fideles hæc opinio, quod quisquis ejus imaginem vidisset, à subitaneà morte esset præservandus. Hinc ad porticus basilicarum proeminentes statuæ, quas nemo non videret. »

TRADUCTION : « Au 25 juillet. — Saint Christophe, c'est-à-dire *Porte-Christ*, subit le martyre, à ce que l'on croit, en Lycie, sous la persécution de Dèce, l'an 254. Dans les siècles d'ignorance, parmi les fidèles dont la piété était aussi grande que la simplicité, l'opinion s'établit que quiconque aurait vu son image représentée serait préservé d'une mort subite. Voilà pourquoi ses statues se dressent devant l'entrée des basiliques, et en telle grandeur qu'il devienne impossible de ne pas les apercevoir ».

L'abbé Ch. CHAPELIER,

Curé de Jeanménil (Vosges).

III. Renommée universelle de S. Christophe.

LES gloires de saint Christophe ont commencé au lendemain de son martyre, à dater de l'an 254. Les siècles anciens ont chanté son nom, comme celui d'un puissant protecteur. Les hérésies et l'indifférentisme moderne ont donné un nouveau relief à sa constante et croissante popularité.

Aussi, que de titres n'aurait-on pas à promulguer en son honneur, si l'on pouvait se permettre de reproduire littéralement les prières que lui ont adressées, dans leurs Missels, les différentes églises de l'Orient et de l'Occident!

En effet, les nombreux Missels édités au XVe siècle ont tous un office particulier de saint Christophe. Citons seulement, ici, le Missel de Mayence, en 1493 ; le Missel de Spire, en 1497 ; de Strasbourg, en 1512 ; de Verdun, en 1554 ; le Missel des Chevaliers de Malte, en 1505 ; de Tournay, en 1509 ; de Milan, en 1512 ; de Cambrai, en 1522, etc.

Le Missel Mozarabique de Tolède en Espagne, missel rédigé d'après les ordres du grand cardinal Ximénès, en 1500, est surtout remarquable par les nombreuses prières adressées à saint

Christophe, qu'elles nommaient le *puissant*, le *fort*, par excellence. Et ces louanges n'ont rien d'exagéré, pour l'Espagne ; car, si nous croyons à la parole d'un auteur contemporain de Ximénès, il n'était pas alors de ville, ni de bourgade, qui n'eût la statue de saint Christophe dans ses églises, ou son image peinte sur les murailles

On s'explique fort bien cette dévotion extraordinaire envers saint Chistophe. La tradition, consignée dans plusieurs manuscrits anciens et dans divers missels du XIVe siècle, veut que saint Christophe ait fait une prière, au moment de sa mort, en faveur de ceux qui auraient confiance dans son patronage. Voici, en effet, les paroles qu'on lui prête : « *Domine Jesu Christe, præsta bonam mercedem legentibus et scribentibus passionem meam.* Seigneur Jésus-Christ, donnez bonne récompense à quiconque lira ou écrira l'histoire de mon martyre. »

On sait que tous les réformateurs liturgiques, saint Ambroise, le cardinal

Ximénès, etc., ont exalté la vie de saint Christophe et les actes de son martyre. Les grandes cités, les villes et les villages lui ont érigé des autels, et ont spécialement réclamé sa puissante protection.

Voici la liste alphabétique des villes de France et des bourgs ou villages qui portent, par dévotion, le nom du grand saint Christophe. Nous y joignons le chiffre de la population, d'après les derniers recensements :

Saint-Christophe, (Allier), 836 habitants, 5 foires annuelles.
Saint-Christophe, (Aube), 65 habitants.
Saint-Christophe, (Aveyron), 1154 hab., 5 foir.
Saint-Christophe, (Cantal), 1108 habitants.
Saint-Christophe, (Charente), 108 habitants.
Saint-Christophe, (Charente-Infér.) 944 hab.
Saint-Christophe, (Creuse), 270 habitants.
Saint-Christophe, (Eure-et-Loir), 252 hab.
Saint-Christophe, (Gironde), 1.185.
Saint-Christophe, (Indre-et-Loire), 252 hab. 11 foires.
Saint-Christophe, (Isère), 523 habitants.
Saint-Christophe, (Rhône, 831 hab. 4 foires.
Saint-Christophe, (Savoie), 547 habitants.
Saint-Christophe, (Tarn), 562 habitants.
Saint-Christophe, (Vienne), 477 habitants.

Saint-Christophe, (Ile anglaise d'Amérique),
24.440 habitants.

Saint-Christophe-à-Berry (Aisne), 446 hab.

St-Christophe-d'Allier , (Haute-Loire) , 925
habitants.

Saint-Christophe-des-Bordes, (Gironde). 688 h.

Saint-Christophe-de-Chalais, (Charente) 652 h.

Saint-Christophe-de-Chaulieu, (Orne) 387 h.

Saint-Christophe-de-la-Couperie, (Maine-et-
Loire, 590 habitants.

Saint-Christophe-du-Bois, (Maine-et-Loire),
938 habitants.

Saint-Christophe-du-Foc, (Manche). 229 hab.

Saint-Christophe-en-Brionnais, (Saône-et-Loire), 1 238 habitants, 12 foires.

Saint-Christophe-en-Bazelle, (Indre), 853 hab.,
4 foires.

Saint-Christophe-des-Bois , (Ille-et-Villaine) ,
620 habitants.

Saint-Christophe-de-Valains, (Ille-et-Vilaine),
324 habitants.

Saint-Christophe-du-Jambet , (Sarthe) , 685
habitants.

Saint-Christophe-du-Ligneron (Vendée), 1,935
habitants, 6 foires.

Saint-Christophe-du-Luat, (Mayenne), 1,112
habitants.

Saint-Christophe-en-Bresse, (Saône-et-Loire) ,
1,005 habitants.

Saint-Christophe-en-Champagne, (Sarthe), 397
habitants.

Saint-Christophe-le-Chaudry (Cher), 581 hab.,
une foire.

Saint-Christophe-le-Jajolet, (Orne), 352 hab.

St-Christophe-en-Boucherie, (Indre), 779 hab. foire.

Saint-Christophe-entre-deux-Guiers (Isères), 973 habitants, foire.

Saint-Christophe-et-Lelaris. (Drôme), 606 h. 4 foires.

Saint-Christophe-sur-Avre, (Eure), 284 hab.

Saint-Christophe-sur-Dolaison, (Haute-Loire. 455 habitants.

Saint-Christophe-sur-Roc, (Deux-Sèvres), 694 habitants.

Bourg-Saint-Christophe (Ain), 793 habitants.

Lay-Saint-Christophe (Meurthe-et-Moselle). 1.175 habitants.

Villers-Saint-Christophe (Aisne), 871 hab.

Tels sont les *monuments géographiques* de la dévotion des Français envers S. Christophe. Joignons-y quelques *monuments historiques*, ou biographiques, en établissant la liste des principaux personnages qui ont porté le nom de *Christophe*, soit comme *prénom* ou comme *nom*.

Christophe, antipape, 903.

Christophe, empereur d'Orient, 920.

Christophe César. 769, fils de l'empereur Constantin Copratyme.

Christophe Ier, roi de Danemarck, 1315.

Christophe II, roi de Danemarck, 1355.

Christophe III, roi de Danemarck, 1448.

Christophe (Joseph), 1498-1557, peintre d'Utrecht.

Christophe (Joseph), 1668-1745, peintre de Verdun.

Christophe (Antoine-Noël-Mathieu), 1768-1824, littérateur de Lyon.

Christophe (Henri), 1767-1820, empereur de Haïti, suicidé.

Christophe (l'abbé), 1815-1882, historien et érudit de Lyon.

Christophe Colomb, l'explorateur-apôtre de l'Amérique.

Ces rapides indications sont fort loin d'avoir épuisé la matière. Nous pensons qu'elles présentent leur côté curieux et même utile. Nous les donnons dans ce dessein, pour intéresser le lecteur.			F. Jacquot.

IV. Reliques de saint Christophe en Lorraine.

Pour les reliques d'autres contrées, les Bollandistes suffisent, et ils en donnent une complète énumération.

A Vic, faisant actuellement partie du diocèse de Metz, se voit le chef de

saint Christophe, dans un buste de bois doré.

On ne sait ni par qui, ni depuis quel temps, cette relique est à Vic. Seulement, elle est mentionnée dans les lettres de Georges et de Henri de Lorraine, évêques de Metz en 1471 et 1486, exhortant les fidèles à donner une offrande pour la réparation de l'église tombée en ruines, et accordant 40 jours d'indulgence à tous ceux qui donneront dans ce but, ou qui se mettront de la Confrérie de Saint-Christophe, confrérie qui fut abolie au commencement du XVIII⁰ siècle. Il y avait aussi plusieurs autres belles reliques du même Saint, dans le prieuré de Saint-Christophe, à Vic.

Toutefois, comment accorder les attestations précédentes des évêques de Metz avec les lignes suivantes des Bollandistes : « Caput sancti Christophori, præter alias reliquias, in abbatiâ sancti Vincentii in Nemore, in diœcesi Carnotensi. » Comment la tête de saint Christophe pouvait-elle exister en deux lieux si différents, à Saint-Vincent-des-Bois (Eure) et à Vic-sur-Seille (Lorraine)? Est-ce par succession de temps et de possession? Ou serait-ce par fractionnement de l'objet, et en prenant, comme on le fait quelquefois, la partie pour le tout? C'est une difficulté que nous laissons, sans la résoudre.

Il y avait à Vic une foire célèbre, le 25 juillet, jour de la fête de Saint-Christophe. Elle a beaucoup perdu de son importance, depuis 20 ans, par l'effet des évènements politiques, effet calamiteux.

En 1422, Conrard Bayer de Boppart, évêque de Metz, accorda des indulgences pour rebâtir l'église de Saint-Christophe. Il y avait, là aussi, le 25 juillet, ou le jour de la fête de ce Saint, un grand concours de peuple, qui y venait en pélerinage. Il y avait donc, en ce lieu, une relique de saint Christophe. C'était une fondation de l'abbé Antoine, personnage autrefois bien célèbre en Lorraine et justement béni par les populations. Nous devons encore ces renseignements à D. Calmet, *Histoire de Senon··s,* édition d'Epinal, page 73.

A Mervaville, on possédait une relique du Saint. Mervaville fut doté par Cunégonde, dame de Viviers, en 1224. Son église fut dédiée par Eudes de Sorcy. Elle était très belle. Elle s'écroula en partie, de vétusté, le 26 janvier 1738. Ce prieuré fut supprimé en 1753, et uni au Breuil de Commercy. La Sainte Vierge était spécialement honorée à Mervaville et y faisait des miracles. Le culte de saint Christophe n'y apparaît pas encore en 1238. Voir D. Calmet, *Ibid.* pages 100 et 120.

A Moyenmoutier, on conserve une tête d'ossement de saint Christophe.

A Senones, on a un os de son bras.

Voici l'extrait d'un manuscrit de ma bibliothèque, *Senones et Saint-Mihiel,* in-4°, par l'abbé Antoine de Senones, novembre 1712 :

« Dans le rétable de l'autel de l'église paroissiale de Saint-Christophe de Vic, et dans des bras et reliquaires, reposent plusieurs belles reliques, entre autres celles de saint Christophe, particulièrement son chef, qui est dans un buste de bois doré, sur l'autel ; auxquelles saintes reliques tous ceux de la ville et des lieux circonvoisins ont une grande dévotion particulièrement le jour de la fête de ce grand Saint. Il y avait autrefois une Confrérie érigée en son nom. Les bourgeois de Vic le tiennent pour leur patron, et en font leur grande feste, et tiennent foire ce jour-là, quoique leur église paroissiale soit dédiée à saint Marien.

« Il n'y a aucun titre ou mémoire qui fasse mention quand ces reliques, particulièrement celles de saint Christophe, furent mises en cette église, ni par qui, ni depuis quel temps. On trouve seulement des lettres en parchemin de deux évêques de Metz, Georges en 1471 et Henri de Lorr ine en 1486, par lesquelles les dits évêques donnent permission de prêcher et de demander aux fidèles des aumônes, et exhortent les peuples à contribuer pour la réparation de l'église de Saint-Christophe, qui est tombée en ruines.

« Dans ces lettres, il est fait mention des reliques de saint Christophe, résidentes dans cette église dédiée à son nom, et des miracles qui s'y font par sa faveur. Elles donnent 40 jours d'indulgence à ceux qui feront du bien à son église et se mettront de sa Confrérie, laquelle est abolie maintenant, soit par le malheur des guerres, soit par la négligence de ceux qui ont demeuré audit Prieuré. »

Voici, enfin, ce que dit Henri Lepage, dans sa *Statistique de la Meurthe*, à l'article *Vic-sur-Seille* : « Le pèlerinage de Saint-Christophe est des plus fréquentés du Département. On y a compté, dans ces dernières années, jusqu'à cinq mille pèlerins, la plupart de la Lorraine allemande... Le prieuré est devenu une auberge, et la chapelle en est l'écurie. Dans la cour, est la statue colossale de saint Christophe, devant laquelle s'agenouilleut les pèlerins. »

Le *Saint-Christophe* de Vic est une statue en bois, portant 2 mètres 80 en hauteur. Elle est affublée, assez singulièrement, d'un costume calqué sur celui des mousquetaires. Le peintre n'a point songé, dans son ignorance, à l'anachronisme qu'il commettait ainsi Le peuple, au surplus, ne semble point prêter à cette erreur une fort grande attention. C'est le moindre de ses soucis.

L'abbé Ch. CHAPELIER.
Curé de Jeanménil (Vosges).

V. Le pèlerinage à Saint-Christophe, dans l'église paroissiale de Lay-St-Christophe.

But. — Tout le monde sait qu'il est établi pour les épileptiques, et fréquenté par eux.

Origine. — Il fut établi, par le P. Antoine, dans l'église du Prieuré, qu'il venait de construire (l'an 1092), et qui fut consacré par Pibon, évêque de Toul, le 18 octobre 1093.

Cette église , qui formait l'un des côtés du prieuré, occupait le terrain, devenu le Jardin des héritiers Poirel, de la Haute-Lay. Elle fut démolie en 1794. Sa construction était si solide, qu'il fallut deux ans pour la détruire, m'ont assuré des vieillards, jeunes alors et qui en ont été témoins oculaires.

Ce P. Antoine, originaire de Pavie, en Lombardie, vint, tout jeune, en Lorraine. Il fit profession dans l'abbaye des Bénédictins de Saint-Arnould de Metz, d'où il fut envoyé à Lay, en qualité de prieur, avec charge de rebâtir le prieuré tout entier, lequel tombait en ruines ; et d'en rétablir les revenus, tellement diminués, qu'ils suffisaient à peine à l'entretien de deux religieux.

Sa dévotion à saint Christophe était si grande, que, non content de lui vouer un culte à *Lay-Saint-Arnould* (qui est devenu *Lay-Saint-Christophe*), il le fit aussi vénérer à Deneuvre, à Xures et à Vic-sur-Seille.

Ce culte, avec pèlerinage, commença donc dans l'église de Haute-Lay. Mais il ne tarda pas à passer (nous n'en connaissons pas le motif) dans celle de la Basse-Lay. Car, au rapport de Dom Calmet, l'an 1130, Henri, évêque de Toul, parle d'une église dédiée à saint Christophe, et située à la Basse-Lay, la même qui fut démolie et remplacée par celle qui existe aujourd'hui. l'an 1861, pendant que j'étais curé de la paroisse.

Le pèlerinage y continua jusqu'en 1790. On y conservait, au dessus de la porte de la sacristie, la statue du Saint ; et, pour attirer sur eux sa protection, les mariés mettaient un bouquet dans son bâton. En même temps, ils allumaient un cierge, mis auprès de lui, en son honneur, et ils le laissaient brûler pendant toute la messe de mariage.

Bien que ses reliques aient disparu, on y voyait encore tous les ans, le 25 juillet, quelques rares pèlerins. dont une personne entre autres de Custines, qui lui attribuait sa guérison, et ne manquait pas de venir l'en remercier tous les ans. Je l'ai vue plusieurs fois ; je regrette de n'en avoir pas conservé le nom. Elle ne manquait pas de communier à la messe, et de passer un bon moment en prières, devant la relique retrouvée.

Cette relique très précieuse, mais non *insigne* (car elle consiste en un tout petit ossement), avait été donnée par les Bénédictins du prieuré de Vic, vers l'an 1620 ou 1630. Elle avait été renfermée, avec une de saint Arnould, dans un bras en bois doré, qui doit encore exister ou au presbytère, ou à l'église de Lay-Saint-Christophe.

Sauvée et conservée à l'époque de la Révolution, par des mains pieuses, elle fut remise, à je ne sais quelle date, aux curés de la paroisse ; et elle resta sans honneurs. dans un des appartements du presbytère, jusque vers l'an 1856, où je la trouvai, munie de l'authentique, signé par les Bénédictins de Vic. Je la fis reconnaître par l'évêché de Nancy, qui m'autorisa à l'extraire du bras, avec celle de saint Arnould, et à les renfermer, sous le sceau épiscopal, dans deux châsses en bois doré, que je plaçai d'abord à chaque côté de l'arc triomphal du chœur de l'ancienne église, jusqu'à ce que leur fisse préparer, dans la nouvelle, une place à chacune, au dessus des portes des deux sacristies.

Dès l'année 1857, je tentai de rétablir le pèlerinage. Le jour de l'échéance de la fête, on exposa la châsse. Je chantai la messe, pendant laquelle les pèlerins (dont le nombre augmentait tous les ans jusqu'en 1863, année de mon départ) vénéraient, à l'Offrande, une parcelle de la relique, renfermée dans un baiser de paix.

J'avais, en outre, voulu faire de l'autel que l'on a ensuite dédié à saint Nicolas, l'autel de saint Christophe. Mais je n'ai pu exécuter mon dessein, avant mon départ.

Il paraît que le culte de saint Christophe en a quelque peu souffert, puisque M. l'abbé Maxé est cité comme l'ayant rétabli en l'année 1888. Je me réjouis et je le félicite de sa bonne pensée ; et je fais les vœux les plus sincères pour qu'il réussisse dans son dessein. Et je souhaite qu'après lui ses successeurs y travaillent, avec le même zèle et le même succès.

L'abbé J. BERNEL,
Curé de Jallaucourt.

VI. Prieuré de Saint-Christophe au Moniet, près Deneuvre et Baccarat.

UN peu au-dessus de la ville de Baccarat, au midi de l'antique château de Deneuvre, au pied de ces vieilles murailles croulantes qui sont encore ici et là debout, comme des fantômes avec leurs squelettes tout noirs, dans une petite vallée verdoyante de gazon, est un hameau qui porte le nom de *Saint-Christophe.*

Il y a quelques siècles, ce petit hameau n'existait pas. Il n'y avait, là, rien qu'un petit couvent. Tout autour du couvent, régnait la prairie, qu'ombrageaient quelques arbres. Plus loin, commençaient des forêts sans fin. En un mot, c'était partout la solitude, une sainte solitude, un solennel et religieux silence, interrompu d'heure en heure par la petite cloche du *Moniet*, ou monastère, dont les tintements pieux précédaient toujours les saintes prières des religieux du Prieuré.

Or, ce Prieuré, si solitaire dans son petit vallon, fut fondé au temps des Croisades.

En ces temps héroïques, une moitié de la France et de l'Europe allait camper dans la vieille et lointaine Asie, en vue de conquérir Jérusalem, la cité sainte.

L'autre moitié de la chrétienté, sollicitée par un sentiment de religion non moins ardent, bâtissait dévotement, les pieds nus, au chant des hymnes ou des prières, ces mille basiliques qui s'élevaient comme par miracle, avec des proportions qui nous stupéfient, avec des formes à la fois si légères et sigrandioses, que leur vue nous plonge encore dans la plus profonde admiration.

Et, en ces mêmes temps de religion et de vaillance, mille monastères surgissaient de toutes parts. Les moines vinrent défricher notre vieille France, en secouer la glèbe inculte, en féconder les plaines arides, et asseoir le fondement et là prospérité de la plupart de nos villes sur ceux de la Religion et du commerce.

Ce fut en 1126 qu'Etienne de Bar, évêque de Metz. fonda le *Moniet*, ou Prieuré de Saint-Christophe. Il accorda, à cette intention, un terrain considérable, et d'assez grands biens, qu'il détacha de la Châtellenie de Deneuvre. C'est sur ce fonds qu'Antoine, abbé du fameux couvent de Senones, devait bâtir le Prieuré. Le prélat messin accorda à ce nouvel établissement le droit de pêche dans la Meurthe, lui donna des bois, des prairies, et lui fournit généralement tout ce qui pouvait être nécessaire pour le maintien de la régularité. Mais il voulut que ce nouveau monastère fût dédié en l'honneur de saint Christophe ; et le cardinal Trawin en fit la dédicace, sous l'invocation de ce saint Martyr.

Par la suite, le Moniet s'accrût considérablement ; car, dans la Chronique du moine Richer, qui écrivait vers la fin du XIIIe siècle, on lit ces lignes : « Il arriva qu'un certain religieux de Senones, nommé Hugues, gouverna pendant plus de vingt ans le prieuré de Deneuvre. Il l'enferma de murs, ménagea dans la clôture assez de place pour y creuser un étang, y construire un moulin et une chapelle qu'on dédia à saint Christophe. Tous ces ouvrages, je les ai construits et bâtis, tandis que j'étais prieur de ce monastère. Quant à Hugues, il fit bâtir en ce lieu des chambres commodes et très convenables ».

Le chroniqueur regrette que le moine

Hugues ait été trop tôt enlevé par la mort, car il avait résolu encore d'autres travaux pour l'extension du Prieuré.

Le Moniet, qui dépendait de l'abbaye de Senones, fut longtemps conventuel ; mais ce titre lui fut confirmé par le pape Sixte IV, en 1480. Quelque temps après, il perdit ses propriétés et tous ses biens, qui furent partagés entre l'abbé et les religieux de Senones.

Dans la bulle d'union, les patrons du Prieuré sont : *saint Jacques* et *saint Christophe.* Ce culte s'y est perpétué jusqu'à nos jours ; car nous voyons encore la chapelle du Saint visitée par de nombreux pèlerins (1851).

Le Prieuré de Saint-Christophe avait haute main sur les écoles de Deneuvre et de Baccarat, qui toutes lui appartenaient. Il existe des sentences qui défendent à qui que ce soit d'y tenir d'autres écoles sans son consentement, et sans celui des chanoines de la collégiale de Deneuvre. On remarquait surtout, entre ces écoles de Deneuvre et de Baccarat, la fameuse école de théologie des Carmes.

Depuis ce temps de prospérité et de gloire. le Moniet est devenu veuf de ses enfants. Il a été longtemps abandonné à la fureur du temps, dont il a profondément ressenti les influences destructives. La clôture en a été presque entièrement détruite. Il ne reste plus que la chapelle, qui maintenant est en grande vénération.

Ce lieu est fréquemment visité par de nombreux pèlerins, qui surtout envahissent en foule la petite chapelle de saint Christophe, le 25 juillet, jour de la fête du Saint. Ce jour-là, l'office divin y est célébré en son honneur.

A la suite des pèlerins, de nombreux marchands accourent de toutes parts à Saint-Christophe. Ils y viennent étaler, à l'envi, leurs petits magasins.

Ainsi donc, sous le patronage du Saint, chaque année voit se former une foire, telle qu'on en voyait tant au moyen âge autour des petites chapelles, dans les jours où la foule pieuse accourait de

partout, pour prier le Saint qui la pro-
tégeait.

Combien de villes, en France et ailleurs, — mais en France, surtout, —
ne doivent-elles pas leur naissance et
leur développement à ces chapelles de
Saints, avec leurs peuples de pèlerins
et de marchands !

C'est ainsi que commença Saint-Ni-
colas, près de Nancy, autrement appelé Saint-Nicolas-de-Port. Cette ville
groupa, insensiblement, ses maisons
autour d'une petite chapelle, bàtie sous
l'invocation du grand saint Nicolas,
qu'elle vénère encore aujourd'hui dans
sa magnifique église, érigée en basili-
que.

L'Abbé F -J. DEBLAYE,
De l'Académie de Stanislas et de la Société
d'Archéologie lorraine.

VII. La légende de saint Christophe.

LES légendes sont des lectures ou des
récits populaires, qui nous retra-
cent la vie des Saints, principalement

de ceux qui sont le plus en crédit parmi les fidèles, depuis l'origine de l'Eglise.

Ces pieux récits datent du VIe et du VIIe siècles. Leur nombre s'élève à plus de 25 mille.

Un certain monde, à la vérité, celui qui n'est pas dévot, a l'habitude de consdérer les légendes comme de simples romans, ou des inventions fabuleuses. C'est porter la sévérité trop loin, que d'afficher cette incrédulité envers les légendes, sans avoir de solide objection à leur faire. Comment tous ces récits auraient-ils pu s'établir, durer, s'accréditer à travers tant de siècles, s'il n'y avait pas eu de bonnes preuves pour en attester la vérité, ou l'exactitude, au moins dans les données fondamentales ? Croira-t-on que des peuples entiers aient pu, jamais, ne renfermer que des sots ? A Dieu ne plaise que l'humanité ait été ainsi frappée, en un temps quelconque, d'une universelle aliénation mentale ! Aliéné lui-même serait l'audacieux qui ferait, de bonne foi, telle supposition.

Sur certains points accessoires, sur des détails de très minime valeur, il se peut que les légendes aient un peu altéré ou *poétisé* la vérité, en entourant de circonstances merveilleuses des faits qui se sont historiquement passés d'une façon bien plus simple. Par exemple, on aimera de dépeindre aux enfants, comme des prodiges singuliers le *cheval* de S. Martin ou la *bourrique* de S. Nicolas, qui descendraient miraculeusement dans les logis, par l'étroit passage des cheminées, afin d'y récompenser ou châtier les petits enfants, pour cause de sagesse ou de méchanceté. Ainsi fait-on encore à propos de S. Éloi, l'incomparable maréchal-ferrant. Sachons tolérer ces ingénieuses *broderies*, faites sur un canevas réellement historique ou authentique ; mais constatons que les légendes ne sont point des fables, ni de vains jeux d'esprit. Ce sont de respectables histoires, des narrès fidèles. des monuments positifs et certains de la vérité.

Voici donc l'antique et populaire légende de S. Christophe, dont continuent à douter plusieurs de nos contemporains, même de ceux qui ont du raisonnement et de la science. Pour notre part, nous y croyons pleinement et fermement. Nous la rapporterons franchement, d'après le témoignage des vieux auteurs, saufà nous exposer, par ce respect de la tradition populaire, aux quolibets ou aux railleries dont sont coutumiers, en matière historique ou religieuse, les sceptiques et les mécréants.

F. JACQUOT,

Ancien professeur à Nancy, Metz
et Bar-le-Duc.

Deuxième Partie

La Vie de saint Christophe.

Saint Christophe, selon la légende et les historiens, naquit dans un pays non chrétien, que l'on croit être le pays de Chanaan. Il serait né l'an 193 de l'ère chrétienne.

Il était d'une taille très élevée, et doué d'une force extraordinaire ; ce qui a fait dire, à plusieurs écrivains, qu'il avait dix-huit pieds de haut.

Mais cette évaluation paraît trop gigantesque. Aussi n'a-t-elle pas été admise par les Bollandistes, aux yeux desquels un si prodigieux développement de la taille humaine semble inouï, sinon strictement impossible.

L'anatomie fournirait, peut-être, un moyen de trancher la question. La paroisse de Lay-Saint-Christophe conserve une Relique notable du Saint. C'est la clavicule de l'une des épaules, et sa dimension est le double, certainement, des clavicules ordinaires, ou appartenant à des corps humains de taille moyenne. D'après cette preuve anatomique, si l'on consent à l'accepter, le corps de saint Christophe aurait eu la taille de 3 mètres et demi, ce qui est une hauteur tout à fait gigantesque.

La taille de Sésostris, selon l'histoire, portait 2 mètres 36. Celle d'Artachée, général de Xerxès, portait 2^m55. Celle de l'empereur Maximin, 2^m45. Celle du géant Gabbara, envoyé d'Arabie à l'empereur Claude. 2^m87. Celle, enfin, du géant Goliath, 2^m93. Nous voyons, par la comparaison, que saint Christophe les dépassait tous en stature.

En même temps, les Reliques du saint, bien authentiquement reconnues, sont un argument puissant et péremptoire contre ceux qui, affichant le doute ou la pleine incrédulité, ont voulu nier que saint Christophe eût jamais existé. Ces saintes Reliques ont traversé les siècles, et subsistent toujours devant nos yeux. Cela suffit à nous convaincre.

Quoi qu'il en soit, sa force prodigieuse et la hauteur de sa taille inspirèrent à Christophe une singulière idée.

— « Puisque je suis le plus fort des hommes, pensa-t-il, je ne dois servir qu'un roi ; et ce roi doit-être le plus puissant de l'univers »

Rempli de cette pensée, il se mit à voyager. Il parvint ainsi à la cour d'un souverain, qui lui fit beaucoup d'accueil, et qui le retint à son service.

Un jour, il arriva à la cour de ce monarque un jongleur, ou musicien errant, qui chantait une chanson dans laquelle il était souvent question du diable.

Le roi, qui était chrétien, faisait sur lui-même le signe de la croix, toutes les fois qu'il entendait prononcer le nom de l'esprit malin.

— « A quoi bon ces gestes ? » de-

manda Christophe, qui ne comprenait
rien à tous ces signes de croix.

Le roi ne crut point nécessaire de
répondre.

Christophe devint très mécontent
de ce silence.

— « Si vous ne m'expliquez point
ce que cela veut dire, s'écria-t-il avec
impatience, je vais vous quitter à l'instant. Donnez-moi donc la clef de ce
mystère ! »

Le roi, qui ne voulait pas perdre un
aussi excellent serviteur, répondit aussitôt :

— « Je me signe, toutes les fois
que j'entends prononcer le nom du
diable, afin que le diable ne puisse me
nuire.

— Ah ! vous craignez le diable, répondit Christophe, jusqu'au point même que son nom vous fasse peur ? Alors,
vous n'êtes donc pas le souverain le
plus puissant qu'il y ait au monde,
comme je l'avais cru ? Eh bien. je vous
quitte aujourd'hui ; et je m'en vais

chercher cet être, diable ou homme, qui est plus puissant que vous. »

Christophe quitta effectivement le monarque, et il se mit à la recherche du diable.

Arrivé dans un désert, Christophe rencontra une troupe de gens armés, ayant tous très mauvaise mine.

A la tête de ces espèces de brigands, marchait un individu de haute taille et d'une figure effrayante.

— « Où vas-tu ? » demanda brusquement ce personnage extraordinaire à notre voyageur.

— « Je cherche le diable. dit Christophe. Je veux me mettre à son service, parce qu'on m'a assuré qu'il est doué d'une grande puissance.

— « En ce cas, répondit l'être malfaisant, tu ne pouvais faire une plus heureuse rencontre, car c'est moi-même qui suis le diable. »

Christophe resta donc au service de ce maître inconnu, et fit route avec lui.

Hors de ce désert, sur un grand

chemin, était plantée une croix. Lorsque le diable vit cette croix, il s'enfuit à toutes jambes et il prit une autre route.

— « Pourquoi donc fuyez-vous ainsi ? demanda Christophe. Je ne vois rien ici qui puisse vous épouvanter. »

Le diable ne répondit pas.

— « Parlez donc, insista Christophe. Je ne veux point m'enfuir sans savoir pourquoi. Si vous ne me faites point connaître la cause de ce subit effroi, je vous quitte. »

Le diable répondit enfin :

— « Je ne puis voir aucune croix sans trembler et sans fuir, parce que la croix est l'emblême de la religion du Christ.

— Et pourquoi, répondit Christophe, frémissez-vous ainsi, à l'idée du Christ ? Est-ce donc parce que le Christ est plus puissant que vous ? En ce cas, adieu ! Je veux prendre le Christ pour mon seigneur et maître. »

Christophe quitta donc la troupe que commandait l'ennemi des hommes ;

et il se mit sur le champ à la recherche de l'être ou du personnage, qu'on lui avait désigné sous le nom de Christ.

Bientôt il rencontra un ermite, ou un saint homme retiré dans le désert, et il s'empressa de le questionner sur l'objet qui lui tenait à cœur.

— « Serait-ce vous, homme charitable, qui pourriez m'indiquer où je trouverai le Christ ?

— Le Christ est au Ciel, répondit l'ermite ; et je suis un de ses serviteurs en ce monde.

— Moi aussi, fit Christophe, je veux le servir. C'est pour cela, précisément, que je le cherche.

— Eh bien, dit l'ermite, si vous voulez servir Jésus Christ, vous pouvez rester avec moi ; et nous le servirons ensemble.

— Quelle besogne aurais-je à faire pour plaire au Christ ? demanda Christophe.

— Pour plaire au Christ. il faut jeûner, prier et faire des aumônes.

— Le jeûne est une chose qui n'est

point dans mes goûts, objecta Christophe. Quant à la prière, je ne sais ce que c'est. Et pour des aumônes, moi qui n'ai rien, je n'en puis faire aucune. Je n'ai que la force de mon corps. Je ne puis rien donner autre chose. Je cherche donc un maître puissant, à qui la force de mon corps puisse être utile. Voyez si ma force peut être utile au Christ. »

L'ermite vit bien qu'il avait affaire à un païen ignorant. Mais il savait qu'on peut tout espérer de la grâce divine. Il prit Christophe par son faible, et il lui dit :

— « Si c'est, tout spécialement, par la force de votre corps que vous voulez servir Jésus Christ, je vais vous indiquer, pour cela, un excellent moyen. A quelque distance d'ici, il y a un fleuve large et rapide, sur lequel on n'a pu construire de pont. Déjà bien des personnes, en voulant le traverser à pied, ont trouvé la mort dans ses eaux. Etablissez-vous donc sur le bord de ce fleuve ; et portez charitablement sur votre dos toutes les personnes qui voudront arriver à l'autre rive. Par ce moyen, vous deviendrez agréable au Christ ; car c'est le servir lui-même que de rendre service aux hommes. Ainsi, la force prodigieuse dont vous êtes doué, pourra devenir. pour vous même, un instrument de salut.

— Merci ! » lui dit Christophe, qui en même temps se rendit tout droit vers le fleuve si dangereux que l'ermite venait de lui indiquer.

Il se construisit une cabane près du rivage, et se mit à transporter sur son dos, pour l'amour du Christ, tous les voyageurs, riches ou pauvres, chrétiens ou païens, qui désiraient passer le fleuve.

Grâce à la force herculéenne et à la taille extraordinaire de ce batelier de nouvelle espèce, les voyageurs arrivaient sains et saufs sur l'autre rive.

Les choses allèrent ainsi pendant longtemps, et jamais Christophe ne se plaignait de rien, quoiqu'il eût pu à la longue se décourager, devant l'ingra-

titude apparente du maître au service
duquel il s'était engagé. Car J.-C. se
complaît, d'ordinaire, à éprouver les
siens. Il veut ainsi grossir la gerbe de
leurs mérites, en vue de la gloire qu'il
leur destine et des récompenses qu'il
leur prépare dans le bonheur futur du
Paradis.

Mais enfin arriva le temps où la foi
de Christophe, après avoir longuement
et persévéramment produit ses fleurs.
devait porter ses fruits. C'est la légende qui continue à nous fournir
tous ces détails. Elle est, ici, singulièrement touchante.

Une nuit que le géant Christophe
dormait profondément, couché sur le
grabat où il se reposait de ses fatigues
accablantes, il fut tout à coup réveillé
par la voix d'un enfant qui l'appelait.

Il se leva immédiatement, selon son
habitude, et il sortit promptement,
pour voir si quelqu'un avait besoin de
son secours. Mais il ne vit rien, et
n'entendit plus personne.

Il se recoucha donc, et il essaya de

s'endormir. Comme il recommençait à s'assoupir. la même voix enfantine se fit entendre de nouveau.

Christophe se leva, et sortit, de rechef. Il ne vit encore personne et il rentra chez lui.

Enfin, une troisième fois, l'invisible enfant éleva la voix ; et le bon Christophe, dans son inépuisable charité, alla vers le lieu d'où la voix partait.

Alors il vit, dans l'obscurité nocturne, un enfant qui le pria de le transporter au-delà du fleuve.

Malgré l'heure avancée, Christophe ne fit aucune réflexion, et il mit obligeamment l'enfant sur son dos. Puis, armé d'un long bâton dont il avait coutume de se servir dans ses trajets, il entra résolûment dans l'eau.

Vers le milieu du fleuve, Christophe entendit les flots mugir. Il les vit s'amonceler bruyamment autour de lui. Ce phénomène lui semblait extraordinaire. Mais ce qui acheva de le surprendre, c'est que l'enfant qu'il portait devenait de plus en plus lourd. Son poids s'accrut à un tel point, que le porteur accablé se mit à lui dire :

— « Jamais je n'ai rien porté d'aussi pesant que toi, petit ami. Car, véritablement, tu m'écrases. On dirait que je porte le monde. Je n'en peux plus, sous ma charge.

— Tu ne portes pas le monde, répondit l'enfant Mais tu portes celui qui l'a créé. Je suis le Christ. Je viens te dire que j'ai agréé tes services, et que je te reçois au nombre de ceux qui me servent. Je te baptiste au nom du Père, et du Fils, et du Saint-Esprit. Puisque tu m'as porté sur tes épaules, ton nom désormais sera CHRISTOPHE. »

Christophe, en grec, signifie *Porte Christ*. Avant d'être baptisé de ce nom si beau et si nouveau, Christophe s'appelait *Offérus*, ou *Réprobus*.

Sur ce point, les auteurs n'ont pu se mettre bien d'accord. Mais les deux termes sont, à peu près, synonymes. En grec, *Offérus* ou *Ophérus* donne le sens d'un homme sauvage, d'un être farouche. En latin, *Réprobus* désigne un brigand, un méchant homme.

Aux yeux de la critique, il est douteux, d'ailleurs, qu'aucun de ces deux noms ait jamais été celui de saint Christophe, pas plus dans les commencements qu'à la fin de sa vie. Voici ce qui aura donné lieu, sans doute, à la croyance établie, mais erronée. Le nom latin ou grec du Saint, *Christoforus* ou *Christophoros* s'est aussi écrit en faisant usage du monogramme abbréviatif, où X t ent lieu du mot *Christ* : *Xophorus* et *Xophoros*. Au moyen d'une lecture faite sans le monogramme, qui a été usité en Lorraine jusqu'au XVIIe siècle, ainsi que l'a établi M. Léon Germain dans ses *Mélanges historiques sur la Lorraine*, page 282, on s'explique aisément la provenance de ce prétendu nom d'*Ophoros* ou *Offérus*, donné par quelques-uns à saint Christophe.

Il est probable que le nom de *Réprobus* ou d'*Improbus* donné au même Saint, en l'appliquant à l'époque de son paganisme primitif, ne repose point sur un meilleur fondement. Ce sont des termes très généraux, et véritables en ce sens. Mais il ne semble guère que ce soient là des noms propres. Ceci soit dit, sans trop grossir l'importance de ces petites remarques.

L'enfant ajouta, pour donner à Christophe une confirmation miraculeuse de ses paroles encourageantes :

— « Plante ton bâton sur le rivage. Et dès demain, pas plus tard, tu le trouveras reverdi et couvert de feuilles. »

En disant cela, le mystérieux enfant disparut.

Le lendemain, Christophe trouva son bâton reverdi, couvert de feuilles et de fruits. La veille cependant, lorsqu'il l'avait planté au bord du fleuve, ce bâton était sec, à l'état de bois mort. Il fut donc émerveillé d'un tel prodige, opéré à son intention de la part du Très-Haut, qui est le Dieu Tout Puissant.

Ce miracle acheva d'attacher Christophe à la foi de Jésus-Christ. Dès lors, il n'eut plus de repos, qu'il n'eût prêché l'Evangile à tous les peuples idolâtres, qui étaient dans les environs.

Après plusieurs périgrinations, que nous nous abstiendrons de rapporter, Christophe, toujours brûlant de zèle apostolique, se rendit à Samos, ville de Lycie, où régnait en ce moment un roi païen, appelé Dagnus.

Avant d'entrer dans la ville, le Saint s'agenouilla et pria en ces termes, où respirent sa piété et sa foi :

— « Gloire à vous, mon Dieu ! à vous qui convertissez les ignorants, et qui faites entrer les dévoyés dans le droit chemin de la vérité ! à vous qui changez la langue des bêtes féroces, pour leur donner une langue humaine ! Oui, mon Dieu, gloire à vous, et à vous seul ! »

Puis il ajouta humblement :

— « Seigneur, mon Dieu, vous qui avez créé Adam, le premier père du genre humain, et qui lui avez donné

un discernement suffisant pour qu'il
pût connaître le chemin de la vérité,
faites à votre serviteur, qui aujourd'hui
vous implore, la grâce d instruire ce
peuple, qui est perdu dans les voies fu-
nestes de l'erreur. »

Tandis que Christophe était en prières, une femme sortit de la ville, pour
aller adorer les idoles. Mais à peine
eut-elle aperçu le serviteur du vrai
Dieu, qu'elle fut prise d'un tremble-
ment nerveux, et qu'elle se sentit
prête à tomber en défaillance.

Les légendaires expliquent différem-
ment la cause de cet effroi. Mais il
paraît qu'il fut principalement causé
par la haute stature du Saint, dont on
a parfois porté l'estimation à 18 pieds
ou 6 mètres. N'eût-il été haut que de
moitié, ou de 3 mètres, c'était déjà
bien assez pour provoquer, surtout
chez une femme timide, un singulier
étonnement, sinon précisément l'épouvante. Les géants des foires et la gi-
rafe au cou démesuré nous font déjà,

dans quelques circonstances, une sorte d'impression pareille.

Lorsque cette femme de Samos fut revenue de sa première stupeur, elle retourna précipitamment à la ville, en criant par les rues :

— « Venez, accourez ! Venez voir un homme tel que jamais vous n'en avez vu. C'est un géant sans pareil. »

Une foule innombrable accourut vite vers le lieu indiqué. On trouva Christophe encore agenouillé, et absorbé par la prière.

Voyant venir à lui cette foule d'idolâtres, il leva les yeux vers le Ciel, et dit alors :

— « Seigneur, Dieu tout-puissant, faites moi la grâce d'éclairer aujourd'hui ces païens, et de les amener tous à croire en votre nom. »

Il tenait alors en main une baguette, ou un bâton de fer. Il planta cet objet dans la terre, en disant tout haut devant la foule :

— « Seigneur mon Dieu, de même que vous avez, aux noces de Cana, changé l'eau en vin, faites que cette verge fleurisse, qu'elle porte de beaux rameaux, chargés de feuilles vigoureuses. Témoignez ainsi votre puissance, pour accréditer ma parole ! »

Tout aussitôt, la verge fleurit miraculeusement, à la prière du Saint ; et toute la ville, qui était accourue pour voir l'homme extraordinaire qu'on lui avait annoncé, fut témoin de ce prodige. On assure que huit mille hommes de cette ville crurent en Jésus-Christ, à l'occasion du miracle opéré sous leurs yeux. Ils furent tous baptisés de la main de Christophe.

Le roi Dagnus, ayant appris ce qui s'était passé, voulu voir l'étranger qui avait causé tout ce mouvement. Il envoya deux cents hommes pour s'en saisir et l'amener en sa présence. Les soldats obéirent ; mais ils n'osèrent toucher le serviteur de Dieu.

Le roi fut donc obligé d'en envoyer deux cents autres dont il espérait plus de résolution et de hardiesse. Lorsque ceux-ci arrivèrent, ils trouvèrent le Saint en prières ; et ils se mirent, eux aussi, à prier avec lui.

Après que Christophe eut terminé ses oraisons, les soldats lui dirent :

— « Seigneur, le roi a grand désir de vous voir. »

Christophe répondit :

— « Si cela me convient, je me rendrai aux désirs de votre maître. Sinon, je n'en ferai rien. Je suis libre. absolument libre. Toutefois, allons y bonnement. Je veux bien vous suivre, et je me présenterai avec vous devant votre maître. »

Christophe vint donc avec les soldats, et parut devant le monarque. A sa vue. Dagnus fut tellement saisi d'épouvante, qu'il se laissa tomber de son trône. Il paraît que la haute taille du Saint l'avait aussi rempli de frayeur.

Revenu un peu à lui, Dagnus se releva, et se remit graduellement de son émotion. Il s'assit à son tribunal, et commença à interroger Christophe, de cette façon :

— « Qui es-tu ? D'où es-tu ? Quel est ton nom ? »

A quoi le saint homme répondit simplement :

— « Avant mon baptême on m'appelait Réprouvé, Vaurien. Depuis mon baptême, j'ai reçu le nom de Christophe, Porte-Christ. »

Le roi lui dit :

— « Tu t'es donné un sot nom en prenant celui du Christ, qui a été crucifié, qui n'a rien pu pour lui-même, et qui ne pourra encore rien pour toi. Race de chien, infâme brigand, vaurien, canaille, pourquoi ne sacrifies tu pas à nos grands dieux ? »

Saint Christophe répondit :

— « Assurément, c'est avec beaucoup de raison que tu te nommes *Dagnus*, ou damné. Car, vraiment, tu es le partage de la mort ; et tu as pour ami et compagnon le diable, ton père. Quant à ces dieux dont tu me parles, ce sont des dieux d'imposture et de mensonge. Ils ont des yeux, et ne voient pas ; ils ont des oreilles, et n'entendent pas ; et ils sont impuissants à secourir ceux qui les adorent. Ce que tu appelles *tes dieux*, ce n'est que de l'or, de l'argent, du bois, ou de la matière. Ce ne sont pas eux, assurément, qui ont fait le ciel et la terre : qu'ils périssent donc ! A bas ces idoles ! Pour toi, tu les adores comme un insensé. Ah ! si tu voulais m'écouter, tu adorerais le Seigneur, qui a fait le ciel et la terre. Car, voilà le Dieu véritable, le Dieu seul et unique. Lui, du moins, il peut te délivrer de l'enfer, et te remettre tes péchés »

Mais tandis que Christophe parlait ainsi, le roi Dagnus, dans son aveuglement, se disait en lui-même :

— « Jamais je ne pourrai vaincre l'entêtement opiniâtre de cet être farouche, qui a été élevé au milieu des bêtes féroces. Avec lui, je perdrai mon temps, si je n'emploie les tortures. Allons-y donc hardiment, résolûment, impitoyablement. »

Dagnus, aussitôt, donna l'ordre d'emprisonner Christophe, en attendant qu'il fût procédé à son supplice.

. Sur ces entrefaites, arrivèrent les quatre cents soldats qui, en deux groupes successifs, avaient été précédemment députés vers Christophe pour le saisir et l'amener au roi.

Ils se présentèrent devant Dagnus, et ils jetèrent leurs armes à ses pieds, en lui disant :

— « Et nous aussi, nous croyons au Dieu de Christophe. Nous adorons ce Dieu de tout notre cœur. »

Le roi, surpris et vexé de cette démarche, leur dit :

— « Quoi ! vous seriez-vous donc laissés séduire par quelque maléfice, puisque vous voulez suivre la folie de cet homme ? Allons ! venez, adorez mes dieux, et je vous comblerai d'honneurs et de richesses immenses. »

A quoi les soldats répondirent :

— « Que ton or et ton argent périssent, avec toi ! Pour nous, nous avons été baptisés. Nous croyons en la sainte Trinité. Nous sommes chrétiens. »

Le roi, tout furieux, les condamna.

à mort, et ordonna que leur exécution eût lieu sur le champ. Il leur fit trancher la tête, et la décapitation ne fit broncher aucun d'entre eux. Tous ces braves souffrirent le martyre avec joie, pour le nom de Jésus-Christ.

Alors Dagnus ordonna qu'on amenât deux courtisanes, nommées Nicée et Aquilina, et qu'on les introduisît dans la prison où était saint Christophe. Le roi comptait sur ces débauchées, en renom dans la ville de Samos, pour enjôler Christophe et tendre des des pièges à sa vertu. Il leur avait dit :

— « Je vous ferai de grands présents, si vous parvenez à ébranler la foi de cet imposteur. Usez de tous vos moyens pour triompher de sa résistance. Efforcez-vous de le décider à sacrifier à nos dieux. »

Nicée et Aquilina promirent de se rendre aux désirs du roi, et d'essayer tous les moyens de séduire le prédicateur de l'Evangile à Samos. Mais, en entrant dans la prison, elles furent tout

étonnées, à l'aspect du captif. La figure de Christophe leur apparut tout
illuminée, toute éblouissante de lumière.

A cette vue, elles tombèrent la face
contre terre. Elles demeurèrent ainsi
prosternées pendant trois heures, depuis la troisième heure jusqu'à la
sixième, c'est-à-dire, depuis neuf heures jusqu'à midi.

Pendant tout ce temps, Christophe
priait Dieu avec ferveur, sans s'inter-
rompre dans son oraison. Lorsque le
Saint eut fini sa contemplation et son
entretien édifiant avec le Dieu du ciel,
il dit à ses deux visiteuses :

— « Levez-vous, mes filles. Ne craignez rien. Celui qui vous a envoyées
vers moi, sera cité au tribunal de Dieu.
Son dessein mauvais ne pourra s'ac-
complir. Car Dieu veille sur nous tous!

Puis il leur disait :

— « Où sont donc vos artifices ? »

Elles lui répondirent, avec humilité
et confusion :

— « Priez pour nous, serviteur de

Dieu. Demandez à Dieu de nous pardonner nos péchés. Toutes nos œuvres ne sont que des œuvres de perdition Ce que nous recevions pour le prix de nos débauches, nous l'emploierons à vêtir ceux qui sont nus, à racheter les captifs, à nourrir ceux qui ont faim ; et nous en ferons des distributions aux pauvres. »

Sur quoi. saint Christophe leur dit :

— « Eh bien, alors, renoncez à Jupiter, à Apollon et à toutes les autres idoles. Unissez-vous à ma prière ; et j'espère que mon Dieu vous pardonnera vos péchés. »

Elles répondirent :

— « Priez pour nous. Car nous croyons en votre Dieu ; et nous sommes prêtes à souffrir le martyre, avec vous. »

Le lendemain, le roi les fit sortir de la prison. Il s'attendait à la pleine réussite de la mission de perversion dont il les avait chargées, et qu'elles avaient volontiers acceptée. Il les invita donc à sacrifier à ses dieux, et à les invoquer. Mais elles lui dirent :

« Plût au Ciel que vous adoriez le Seigneur Dieu de saint Christophe, et que vous lui obéissiez ! »

Le roi, tout étonné de ce langage, dit à Nicée et à Aquilina :

— « Cet infâme imposteur vous a donc aussi séduites ; et ses infernales machinations vous ont donc amenées à ce point, que vous osiez vaincre mes grands dieux ? Réfléchissez-y bien, et sacrifiez à mes dieux ! Autrement, je vous arracherai la vie par les supplices les plus affreux. Je vous ferai repentir de votre volte-face. »

Elles lui répondirent :

— « Eh bien, puisque vous le voulez, puisque vous nous faites une obligation de sacrifier à vos dieux, ordonnez à un héraut d'aller sur les places publiques, et d'appeler tout le peuple au temple, en criant que Nicée et Aquilina se disposent à sacrifier aux dieux. »

Bientôt, un peuple immense fut assemblé ; et le roi lui annonça que Nicée et Aquilina allaient sacrifier aux idoles. La cérémonie devait avoir, ce jour-là, une grande solennité. On pressentait un grand évènement.

Lorsque les deux servantes de Dieu se rendaient au temple, elles jetèrent un regard, en passant, dans le cachot où était saint Christophe ; et elles lui crièrent :

— « Serviteur de Dieu, priez pour nous, afin que le Seigneur nous délivre de ces idoles maudites. »

Puis, elles allèrent vers le théâtre solennel où on les attendait.

Dès qu'elles furent arrivées au temple, en face des idoles, qui étaient là dressées devant elles, elles se mirent à crier de toutes leurs forces :

— « Dieux des païens, écoutez-nous ! »

Et, trois fois de suite, elles répétèrent les mêmes paroles sans avoir de réponse. Naturellement.

Alors, elles dirent au peuple :

— « Si vos dieux n'entendent pas, n'est-ce pas peut-être parce qu'ils sont plongés, en ce moment, dans un profond sommeil ? Ou bien encore sont-ils travaillés et dominés par des enchantements qui ne leur laissent aucun loisir ? »

Nicée, alors, dénoua sa ceinture, et la passa autour du cou de Jupiter. Puis elles se mirent toutes les deux à tirer avec tant de force, qu'elles le précipitèrent, et qu'il alla se briser la face contre terre.

Elles en firent autant d'Apollon. Puis elles s'écrièrent :

— « Maintenant, si vous êtes des dieux. relevez-vous, et secourez-vous vous-mêmes. »

A ce spectacle, Dagnus se précipita vers elles, et il leur dit :

— « C'était pour adorer mes dieux, et non pour les briser, que je vous avais appelées ici. »

Et elles lui répondirent :

— « Ce sont des pierres que nous avons brisées, non pas des dieux. Insensé ! Comment ! Ce que des femmes ont pu briser, serait-ce donc là tes dieux ? »

Alors le roi leur dit :

— « Parce que vous avez foi en cet infernal imposteur, et encore parce que vous avez brisé mes dieux, je vous exterminerai de la face de la terre ; et le spectacle de l'abîme de maux où vous serez précipitées sera tel, qu'il forcera Christophe à sacrifier à mes dieux. »

Aussitôt le roi fit enchaîner Aquilina. Puis il ordonna qu'on la suspendît et qu'on lui attachât aux pieds une pierre capable, par son poids, de lui disloquer tous les membres. Mais lorsque Aquilina, ainsi torturée, vint à lever les yeux, elle vit saint Christophe qui priait ; et elle lui cria :

— « Serviteur de Dieu, priez pour moi. Car voilà que je vais recevoir la couronne du triomphe ; et je vais être enivrée du torrent de toutes les félicités du ciel. »

Aussitôt on entendit, venant du

haut, un groupe de voix qui disait :
— « Reçois la couronne de ton triomphe, et entre dans la gloire de ton Dieu. »

A ce spectacle, Nicée se mit à prier en ces termes : — « Seigneur, Dieu de saint Christophe, ne me séparez pas de ma sœur ; mais daignez me couronner aussi avec elle. »

Cependant le roi fit encore venir Nicée devant lui et lui dit : — « Es-tu toujours disposée à persévérer dans ta folie ? Tiens, écoute-moi. Sacrifie à mes dieux. Alors, je ne te tourmenterai plus ; et tu ne souffriras pas tout ce qu'a souffert ta sœur. »

Nicée répondit tranquillement : — « Ces tourments, dont tu menaces de m'accabler, je les désire de toute mon âme ; et la mort sera, pour moi, le commencement d'une éternelle félicité. »

Alors, le tyran lui fit lier les pieds et les mains. Puis il lui fit briser une à une toutes les dents de la bouche, afin que l'excès de la douleur lui ôtât la force même de parler. Mais elle criait toujours de plus en plus fort :

— « Je ne crains pas les tourments. Je suis chrétienne. C'est Dieu qui me fortifie. Ce Dieu, quand il le voudra, peut aisément me délivrer de tes mains. »

Le roi Dagnus. tout furieux de tant de constance, fit dresser un bûcher immense pour y brûler le corps de sa victime. Mais toujours forte, même au milieu des flammes. Nicée disait, avec son invariable sérénité d'âme :

— « Seigneur, vous qui avez envoyé un ange aux jeunes Hébreux dans la fournaise, et qui les avez délivrés des atteintes du feu, délivrez-moi aussi de ce feu qui va m'atteindre, afin que le tyran soit couvert de confusion. »

Et alors, les liens de ses pieds et de ses mains se rompirent : ils venaient d'être entièrement consumés par la flamme. Nicée était libre et debout au milieu du bûcher tout en feu. La flamme, qui l'enveloppait de toute part, fut pour elle comme une douce rosée venant du ciel.

Le tyran, voyant qu'il ne pouvait lui nuire par ce moyen, lui fit aussitôt trancher la tête. Nicée reçut donc ainsi, avec sa sœur Aquilina, la couronne du martyre, après avoir déployé le plus grand courage et la plus admirable fidélité à Jésus-Christ , dont Christophe lui avait enseigné et suggéré l'amour.

Cependant, une foule immense était là, spectatrice du glorieux martyre de ces héroïnes. Et comme elle vit que leur courageuse constance avait vaincu la fureur du tyran, elle crut au Dieu de saint Christophe, et se mit à crier d'une voix de tonnerre :

— « Le Dieu des chrétiens est le seul grand Dieu ! »

Alors, le roi, aveuglé par la colère, se dit en lui-même :

— « Si je n'extermine ce malfaiteur, en le faisant disparaître au plus vite de la face de la terre, voilà qu'il va entraîner tout le monde dans son infâme imposture ; et tous croiront en sa parole. »

Dagnus fit alors venir Christophe devant lui, et il lui dit : — « Race de chien ! insidieux imposteur, ne sacrifieras-tu pas à mes dieux ? Jusqu'à quand t'obstineras-tu dans ton erreur ? Jusqu'à quand aurai-je à te supporter ? Veux-tu, oui ou non, sacrifier à mes dieux ? »

Et Christophe répondit :

— « Je ne veux qu'une chose : c'est de te convertir à la vraie foi, afin que tu laisses le mal et que tu adores le Christ. C'est lui qui a le pouvoir de te faire vivre ou de te faire mourir. »

Le roi lui dit : — « Comment ! T'opiniâtres-tu donc dans ta folie ? Jusqu'à quand aurai-je à souffrir tes insolences ? »

Et saint Christophe lui dit :

— « Je ne suis pas fou. Je suis seulement le serviteur de N.-S. J.-C. Mais toi, tu es fou, tu es insensé, toi qui n'as pas confiance au Seigneur

Jésus, et qui te confies en Satan, ton père. »

Le roi, irrité de ces paroles, fit lier les pieds et les mains à Christophe ; et il le fit ensuite cruellement fouetter avec des verges de fer. Puis, il lui mit sur la tête un casque de métal rougi au feu.

À ce spectacle, trois consuls, touchés par la grâce et indignés de tant de barbarie, dirent au roi :

— « Parce que tu as infligé de telles tortures à un serviteur de Dieu, il vaudrait mieux pour toi, Dagnus, que tu ne fusses pas né. »

Le roi, transporté de colère, fit aussitôt trancher la tête à ces trois consuls, qui osaient lui faire de pareilles remontrances.

Alors, saint Christophe dit au tyran : — « Si tu sais en ta puissance quelques supplices, plus cruels encore que ceux ci, parle, roi insensé ! Dis qu'on me les fasse endurer ; car je les attends. Voilà que la vie éternelle est mon partage ; et les supplices dont tu me tortures, me sont plus doux que le miel le plus délicieux. »

A ce moment, le roi ordonna qu'on fît un banc de fer, dont la longueur égalàt la taille du Saint. Les ouvriers vinrent et ils prirent la taille de Christophe. Ils trouvèrent qu'il avait douze coudées, environ 18 pieds ou 6 mètres ; et tout fut fait exactement, suivant l'ordre du roi. Peut être ce banc long de douze coudées dépassait-il en quelque chose, comme il est probable, la taille réelle de notre Saint, qui était certainement un incomparable géant

Quoi qu'il en soit. le banc de fer fut placé au milieu de la ville, publiquement, devant tout le monde Le roi voulut que Christophe fût étendu et lié par dessus. Il fit établir en dessous un brasier ardent. Et pour activer le feu de plus en plus, Dagnus fit verser sur le brasier et sur le Saint, quarante *orques* d'huile, ce qui veut dire quarante mesures, ou environ vingt hectolitres de nos mesures actuelles.

Or, le Saint de Dieu, tandis qu'il était tout enseveli dans le feu et dans les flammes qui l'enveloppaient de toutes parts, ne laissait pas de dire :

— « Les tourments par lesquels tu voudrais m'anéantir, tourneront tous à ta honte et à la confusion de tes idoles. Je te l'ai déjà dit une fois : je ne crains ni tes supplices, ni ta colère. »

Et après que, du milieu des flammes, il eut dit ces mots, le banc de fer se fondit sous lui comme de la cire.

Sur ces entrefaites, vint le roi Dagnus. Il aperçut saint Christophe debout et en prières, au milieu des flammes. Son visage était frais comme une rose qui vient de s'épanouir.

Dagnus, à ce spectacle, tombe, saisi de terreur, la face contre terre ; et il resta longtemps dans cet état, pendant neuf heures, si la tradition a dit vrai.

Le roi, enfin revenu à lui, se releva. Il dit alors à saint Christophe :

— « Abominable reptile, n'est-ce donc pas encore assez, pour toi, d'avoir à répondre des fautes de tant d'âmes, que tu as précipitées dans l'erreur, et que tu as dissuadées de sacrifier aux dieux ? Mais veux-tu encore entraîner, avec toi, tout mon peuple dans l'abîme ? »

Et saint Christophe lui répondit :

— « Ce n'est pas encore fini. Mais il y en a encore beaucoup d'autres qui, par moi, doivent croire en N.-S. J.-C. Et toi-même, Dagnus, oui, toi-même, tu dois en venir jusque-là. »

Le roi fit un gros blasphème, et dit à saint Christophe :

— « Quoi donc ! Prétendrais tu me gagner aussi à ton imposture ? »

Et, dans sa fureur. il ajouta :

— « Que mes dieux m'exterminent, si demain, à pareille heure, je ne t'ai fait mourir ! Je veux donner, par là, une grande et terrible leçon à toute la multitude. »

Le lendemain, le roi ordonna, encore une fois, qu'on lui amenât Christophe. Quand le saint prisonnier eut comparu devant lui, Dagnus lui dit doucement :

— « Voyons, Christophe ! Sois enfin raisonnable, et cède à mes sollicitations. Sacrifie à mes dieux, afin que je ne me voie pas obligé de te faire périr au milieu des plus affreux tourments. »

Mais Christophe répondit :

— « J'ai tes dieux en grande exécration Car j'ai reçu le baptême ; et j'ai conçu, depuis mon baptême, une grande foi au Seigneur Jésus. »

Le roi fit alors préparer une grande pièce de bois, proportionnée à la taille de Christophe ; et il ordonna qu'elle fût plantée en terre solidement, sur la place qui s'étendait devant le palais. A ce poteau, il fit lier Christophe, le serviteur de Dieu ; et il ordonna qu'on fît venir des soldats armés de flèches. Les voyant arrivés, le roi ordonna à tous ces soldats de décocher leurs flèches contre le Saint. Puis il leur dit :

— « Visez bien ! Nous verrons alors si son Dieu pourra, pour cette fois, le tirer de mes mains, et le protéger contre l'atteinte de vos flèches. »

Aussitôt, les soldats bandèrent leurs arcs, et ils décochèrent leurs flèches contre le serviteur de Dieu, depuis la première heure du jour jusqu'à la douzième, selon le calcul des Romains, autrement dit, depuis six heures du matin jusqu'à six heures du soir.

Dans son aveuglement et sa folie, le roi s'imaginait que toutes ces flèches étaient allées percer le corps du Saint, tandis qu'il n'en était rien, absolument rien. Toutes ces flèches, en effet, avaient dévié de leur route naturelle. Détournées par le vent, elles étaient allées tomber çà et là, à la droite et à la gauche de Christophe, mais sans qu'aucune vînt le toucher. Il n'en fut donc atteint d'aucune manière.

Lorsque le soleil fut couché, le roi ordonna qu'on déliàt le Saint, et qu'on le gardàt soigneusement, de peur que les chrétiens ne vinssent à l'enlever pendant la nuit. Car il y avait là une grande foule, qui attendait le moment où on lui laisserait le corps du Saint.

Le lendemain, le roi dit :

— « Allons voir ce que fait ce misérable. »

Il vint donc, et il dit à Christophe :

— « Où donc est ton grand Dieu ? Qu'il vienne maintenant, et qu'il essaie son pouvoir en ta faveur ! Qu'il te délivre, s'il le peut, de mes mains, et de ces traits ! »

Voilà qu'au même instant, l'une des flèches qui gisaient autour du Saint et jonchaient la terre, s'éleva subitement du sol et prit son essor vers le roi, qu'elle vint blesser en lui crevant un œil. Ce prodige terrifiant s'accomplit avec la vertigineuse rapidité d'un éclair.

Saint Christophe dit alors à Dagnus :

— « Tyran insensé, si enfin tu veux m'en croire, écoute ce que je vais te dire. Demain, à la huitième heure du jour (ce qui correspond à deux heures de l'après-midi dans notre calendrier), je recevrai ma couronne dans une parfaite félicité. Et, de plus, voici ce que le Seigneur a daigné me révéler. Un grand nombre de chrétiens viendront ; ils recouvriront mon corps, et ils le déposeront dans un lieu où ils se réunissent pour la prière. Pour toi, viens dans ce même lieu. Alors, au nom de N.-S. J.-C., tu délaieras dans de la boue une partie de mon sang, et tu t'en appliqueras sur l'œil que tu as perdu. Aussitôt, cet œil s'ouvrira, et tu verras comme auparavant. »

Le lendemain, comme approchait l'heure à laquelle le serviteur de Dieu devait être couronné, Christophe se mit à prier à haute voix, en disant :

— « *Seigneur, mon Dieu, vous qui m'avez tiré des ténèbres de l'erreur pour m'éclairer de vos lumières, accordez à ma prière que, partout où se trouvera mon corps, là ne tombe jamais de grêle ; que là on ne connaisse jamais la fureur des flammes, la famine, les épidémies qui font les grandes mortalités. Que si, dans cette ville, ou dans*

*tout autre lieu où il sera d'posé, il y a
des démoniaques, des hommes tr·v·illés
par quelque maléfice, et que dans leurs
prières ils viennent à invoquer mon nom
en votre honneur, que tous, ils soient
guéris et délivrés!* »

Une voix, venant du Ciel, lui répondit :

— « *Christophe, mon serviteu , partout où sera ton corps, et même là où il
ne sera pas, tous ceux qui feron' mention de ton nom dans l urs prières, obtiendront tout ce qu'il demanderont, et
ils seront sauvés.* »

C'est alors que le roi ordonna de
trancher la tête à ·hristophe, ce qui
fut accompli immédiatement. Ainsi, le
grand saint Christophe sortit de ce
monde en proie anx misères, et termina ses jours par un glorieux martyre. Il fut couronné, selon l'expression liturgique, au mois de juillet de
l'an 254 suivant les uns, ou 251 selon
d'autres, le huit avant les calendes
d'août autrement, le 25 juillet.

Or, ceux qui crurent en N.-S. J.-C.,

par l'apostolat et le martyre de saint Christophe, furent au nombre de 48 mille hommes. C'était déjà une belle conquête.

Le lendemain, le roi dit :

— « Allons voir où ils ont déposé son corps ! »

Il se rendit au lieu où on l'avait déposé ; et, élevant fortement la voix, il dit :

— « Christophe, serviteur de J.-C., donne-moi des preuves de la puissance de ton Dieu, afin que je croie aussi en lui. »

Alors, il prit de la terre au lieu même où saint Christophe avait souffert ; et, la mêlant avec un peu de sang du martyr, il la plaça sur son œil crevé par la flèche, au nom du Dieu de saint Christophe. Aussitôt cet œil malade, redevenu sain, s'ouvrit à la lumière.

Une telle merveille émut tellement le roi Dagnus, qu'aussitôt il s'écria de toutes ses forces et avec l'accent de la plus profonde reconnaissance :

— « Gloire à toi, Dieu des chrétiens ! Gloire à toi, qui fais la volonté de ceux qui te craignent ! Pour moi, voici le décret que je veux qui soit aujourd'hui promulgué à tout mon peuple : *Quiconque blasphèmera le Dieu des chrétiens, qu'il tombe aussitôt frappé par le glaive !* »

Le légendaire que nous avons copié, après avoir donné tous les détails que nous venons de raconter, termine son récit par ces mots, qui seront aussi le complément du nôtre : « Saint Christophe, avant de mourir, fit encore cette prière : « *Seigneur Jésus, je vous en conjure, récompensez généreusement tous ceux qui écriront et tous ceux qui liront l'histoire de mes souffrances ! Amen !* »

Voici ce que dit saint Ambroise, archevêque de Milan et père de l'Eglise latine (340-397), dans la préface de la messe pour le jour de la *Saint-Christophe*, où il donne en abrégé la vie du saint Martyr de Lycie :

« Seigneur, vous comblâtes tellement

Christophe de vertus et de grâces , que, par sa divine doctrine et ses miracles, il convertit quarante-huit mille personnes, et ramena à la chasteté deux jeunes filles, Nicée et Aquilina, qui croupissaient depuis longtemps dans la souillure du péché. Il leur apprit à confesser votre foi et à recevoir, en mourant pour elle, la couronne du martyre. Jeté dans un feu ardent, après avoir été lié sur un banc de fer, il ne redouta point l'ardeur des flammes. Il ne fut point atteint des flèches que les soldats tirèrent sur lui pendant un jour entier, tandis que l'une d'elles alla crever l'œil à un de ses bourreaux. Mais le sang du bienheureux martyr, pétri avec de la boue, lui rendit la vue ; et, tout en dissipant l'aveuglement du corps, il illumina aussi son âme et en chassa les ténèbres. Enfin, il obtint que les malades atteints de convulsions, ou de toute autre infirmité, obtiendraient leur guérison, s'ils recouraient à ses prières. »

Saint Christophe, ce Saint que l'on

connaît si peu de nos jours, ou dont le culte a, du moins, subi une certaine éclipse dans nos temps de révolutions politiques et intellectuelles, eut cependant une large part à la dévotion si vive du Moyen-Age et des siècles antérieurs. Il mériterait bien de reconquérir, pour notre plus grand profit, spirituel et temporel, son antique et universelle popularité. Pourquoi donc la dévotion à ce grand Saint ne serait-elle point remise en honneur? Certes, s'il y a un Saint dont la mémoire fut célèbre dans toute l'Eglise catholique, par l'universalité et la solennité de son culte, c'est incontestablement saint Christophe, que l'on a vénéré autant que S. Remy, S. Georges, S. Eloi, S. Martin et S. Nicolas.

Saint Christophe fait partie, en effet, du groupe des quatorze *Saints secourables*. On appelle ainsi ceux d'entre les Saints qui sont plus particulièrement célèbres pour l'efficacité de leur invocation. Ces quatorze Saints sont distribués deux à deux, savoir :

1º S. Georges, 23 avril, et S. Eustache, 20 septembre.

2º S. Vit, 15 juin, et S. Christophe, 25 juillet.

3º S. Gilles, 1er septembre, et S. Cyriaque, 16 mars.

4º S. Erasme, 2 juin, et S. Blaise, 3 février.

5º S. Pantaléon, 27 juillet, et S. Acace, 10 mars.

6º S. Denis de Paris, 9 octobre, et Ste Marguerite, 20 juillet.

7º Ste Catherine, 25 novembre, et Ste Barbe, 4 décembre.

La plupart des Martyrologes, même les plus anciens, font mention de saint Christophe. Honoré dans l'Eglise grecque le 9 mai, il l'est dans l'Eglise latine le 25 juillet. Mais c'est principalement en Lorraine, en France, en Allemagne, en Espagne et dans le nord de l'Italie, que S. Christophe a été honoré d'une plus grande dévotion.

Dans ces fervents pays, on trouvait plusieurs cathédrales et un grand nombre de couvents bâtis sous son invocation. Vers le douzième siècle, il n'y avait presque point d'église et de monastère, surtout en France et en Allemagne, qui ne fût orné de sa statue, ou au moins de son image.

Au sujet de cette image de S. Christophe, voici ce que nous dit Molanus : « On a coutume de la peindre partout, et dans les cloîtres des lieux sacrés et dans les églises, afin qu'on puisse la contempler plus facilement. »

Et il ajoute : « Je sais, de source certaine, qu'en Allemagne, on peint cette image non seulement dans les temples, mais encore dans beaucoup d'autres lieux. On en décore la façade des églises, ou toute autre partie extérieure de leurs murailles. »

En effet , partout on rencontrait l'image de S. Christophe, avec une assez grande variété dans les inscriptions. Ici, par exemple, on lisait ce distique :

Christophori sancti speciem quicumque tuetur,
Istâ nempe die non morte malâ morietur.

Christophe, ô saint géant, ton image bénite
Préserve qui te voit de mal et mort subite.

Là, de préférence, on avait gravé ce quatrain fort original :

Christophore sancte,
Virtutes sunt tibi tantæ :
Qui te mane videt,
Nocturno tempore ridet.

Ah ! tu remplis de joie,
Christophe, un pauvre cœur.
Il suffit qu'on te voie,
Pour ne craindre malheur.

Ailleurs, c'était encore autre chose, comme cette formule plus concise :

Christophorum videas,
Postea tutus eas.

Christophe, ô doux espoir,
Est sauf qui peut te voir.

Enfin, dans beaucoup de localités, on invoquait spécialement S. Christophe dans les temps de détresse. Ainsi, les Milanais recouraient à son intercession contre la peste, les épidémies, etc. Les Lorrains l'invoquaient contre l'épilepsie, les convulsions, les fièvres malignes et tous les genres d'infirmités. On pourrait, actuellement, faire appel à sa puissance contre les fléaux politiques, nouvellement déchaînés contre l'Eglise chrétienne et contre le peuple, et plus terribles encore que les fléaux ordinaires de l'ordre temporel.

Dans ses éloquentes *Conférences de Notre-Dame*, Lacordaire a glorifié S. Christophe, et il a dit (48e Conférence) : « *O visages des Saints*, douces et fortes *lèvres* accoutumées à nommer Dieu et à baiser la croix de son Fils ; *regards* bien-aimés qui discernez un frère dans la plus pauvre des créatures ; *cheveux* blanchis par la méditation de l'éternité ; *couleurs* sacrées de l'âme, qui resplendissez dans la vieillesse et dans la mort, heureux qui vous a vus ! Plus heureux qui vous a compris, et qui a reçu de votre glèbe transfigurée des leçons de sagesse et d'immortalité ! »

A notre tour, nous disons : « Apparaissez, grand S. Christophe, aux yeux hagards de nos contemporains. Parlez à nos cœurs. Entraînez-nous à votre suite. Ouvrez-nous le Ciel. Sauvez-nous du torrent si dangereux des révolutions, qui mettent en péril de mort notre siècle si malade. »

F. JACQUOT.

NOTA. Le défaut d'espace nous empêche, à notre grand regret, de faire suivre ce travail historique d'une savante lettre de M. Léon Germain à M. F. Jacquot, sur le culte de saint Christophe.

Bibliographie de S. Christophe

Martyr en Lycie (193-254)

---

1. *Acta Sanctorum* Boll. 25 jul. t. v. 1729, p. 146-149.
2. Amadaspi (Prud.), *Vita e miracoli di S. Christoforo mart., apostolo della Licia*, cavata da molti scrittori greci, latini, caldei e arabi. Venezia, 1680, in-8°.
3. *Analecta Bollandiana,* t. I, 1882, p. 121-148 et 517-518,
4. Backer, *Biblioth. des PP. Jésuites*, 1869-1872, t. I, 2076 ; II, 1405, 1633.
5. *Bibl. gesch. deutsch. Nat. Litt.*, 1852; A. XXXII, p. 345-353.
6. Billicardus (Théod.), *Perornata eademque verissima D. Christophori descriptio*, 1522, in-4°, 10 gr. pl.
7. Brunet, *Manuel du libraire*, 1860, I, 1836-37 ; III, 1979-80 ; IV, 144 ; V, 1196.
8. Butler-Godescard, *Vie des Saints*, t. IV, p. 236, édition de Ram.
9. Chavanne. *Hist. de S. Christophe*, 2e éd. Roanne, 1875, in-8°, phototypies.
10. Corblet, *Hagiographie d'Amiens*, 1874 ; t. IV, p. 205-209.
11. Deblaye (L'abbé J.-F.), *Vie de S. Christophe*, martyrisé le 25 juillet, l'an de N. S. 254, sous l'empereur Décius, in-18 de 46

pages, 1851. Baccarat, chez J. André, pro-
priétaire de la Chapelle du grand saint Christophe.

12. Douhét, *Dictionnaire des légendes*,
1855, p. 290-293.

13. Douhet. *Dictionnaire des mystères*,
1854, p. 233-243.

14. Durand et Larroque, *Annales archéolo-
giques*. XXI, 121-125.

15. Fabricius, *Bibliothèque grecque*, XI,
594.

16. Gautier, de Spire, Gleich et Meyerus, *Dis-
sertatio historica super idolorum pon-
tificiorum destructorem, hoc est, Magnum
quem vocant Christophorum, oder den
grossen Christophel*. Wittenberg, 1688.

17. Georgi, *Martyrologium Adonis*, p. 352.

18. Grœsse, *Trésor*, 1861.

19. Guërin (Mgr Paul), *Petits Bollandistes*,
t. IX, p. 24.

20. Hausthal, *Der Grosse Christophel*, Ber-
lin, 1843.

21. Huot (l'abbé H.P.), *Vie de S. Christophe*,
d'après la légende et les monuments écrits
des premiers siècles (193-251). Soissons, in-18
de 115 pages.

22. Jacques de Voragine, *Légende dorée*.

23. Jacquot, *Le Pèlerin de Saint-Christophe*, recueil de diverses prières en l'honneur
de S. Christophe pour la guérison des malades et la préservation contre les fléaux ou ac-
cidents de toute sorte. Nancy, 1889, chez
Crépin-Leblond.

24. Mombritius, *Sanctuarium*.

25. Pierson (L'abbé Gustave), *Le Prieuré de Saint-Christophe à Vic*, 16 pages in-8º, avec portrait de S. Christophe, dessiné par L. Benoît d'après la statue de Vic, dans les *Mémoires de la Soc. d'Archéol. lorraine*, 1869, t. XIX, p. 524-540.

26. Pinius, *Comment. praev.* dans les *Acta Sanctorum*, jul. VI, p. 125-146.

27. Piolin (D. Paul), *Supplément aux Vies des Saints*, t. II, p. 464.

28. Ramé, *Bulletin archéologique*, 1847.

29. S. Pierre Damien, *Panégyrique de S. Christophe*. C'est le 33e discours, dans les OEuvres dudit S. Pierre Damien.

30. S. Grégoire de Nazianze, *Ode en l'honneur de S. Christophe*. Cette ode a été traduite en vers français par F. Jacquot, et publiée dans la *Gazette de Château-Salins*, en l'année 1876.

31. Sinemus, *Die Legende vom heiligem Christophorus*, in-8, 1868.

32. Surius, *Vie des Saints*, 1618, t. VII, p. 297-298.

33. Talinger, *De invocatione S. Christophori ad largiendos nummos*, 1748.

34. Terrache, *Eloge de S. Christophe*, 1669.

Nancy, imprimerie P. Boutillot, rue Héré, 26.